CONFLIT RÉSOLUTION ESSENTIELS: UN GUIDE RAPIDE

Gérer les désaccords avec clarté et compassion.

Peppin Bousquet et James C. Clever

Tous les livres de James C. Clever

- ❖ Phrases merveilleuses pour résoudre les conflits et gérer les personnes difficiles
- ❖ Aider un conjoint négatif
- ❖ Libérez votre génie créatif caché
- ❖ Surmonter la réflexion excessive et la rumination
- ❖ Faire face à l'anxiété dans une relation
- ❖ Devenir un bon mari, meilleur et parfait
- ❖ Devenir une épouse bonne, meilleure et parfaite
- ❖ Les habitudes idéales dans les relations
- ❖ Comment maîtriser vos émotions et vos sentiments
- ❖ Comment raconter ou écrire une histoire efficacement

Peppin Bousquet et James C. Clever

TABLE DES MATIÈRES

INTRODUCTION

Dans le bourdonnement silencieux d'un bureau animé, où le rythme de la productivité s'harmonise souvent avec la discorde occasionnelle d'opinions divergentes, Sarah s'est retrouvée à la croisée des chemins. Les tensions montaient et l'équipe, autrefois soudée, semblait empêtrée dans un réseau de malentendus. Confrontée au défi de résoudre les conflits qui menaçaient le tissu même de la collaboration, Sarah s'est lancée dans un voyage – un voyage alimenté par les principes que vous êtes sur le point d'explorer dans « L'essentiel de la résolution des conflits : un guide rapide ».

Ce guide n'est pas seulement une collection de stratégies ; C'est une boussole qui pointe vers des lieux de travail harmonieux et des relations florissantes. Imaginez un scénario où Sarah, armée des idées contenues dans ces pages, a transformé les conflits en catalyseurs de cohésion d'équipe. L'impact s'est répercuté sur l'ensemble de l'organisation, favorisant un environnement où les individus se sentaient entendus, où les conflits étaient affrontés de front et où les résolutions n'étaient pas seulement des solutions, mais des opportunités de croissance.

Maintenant, entrez dans le monde de la résolution des conflits, où chaque page est une clé qui libère le potentiel de transformation positive. Alors que nous démêlons l'essentiel, considérez le pouvoir qu'ils détiennent : le pouvoir de transformer la discorde en collaboration, les défis en opportunités et les lieux de travail en écosystèmes d'innovation florissants.

Laissez ce guide rapide être votre compagnon dans un voyage où les conflits deviennent des tremplins vers un avenir où la compréhension, la résolution et la croissance s'entremêlent. Bienvenue à « L'essentiel de la résolution des conflits : un guide rapide », où l'impact n'est pas seulement lu, mais ressenti dans le pouls même de vos interactions professionnelles et personnelles.

CHAPITRE 1

COMPRENDRE LES CONFLITS

Le conflit fait partie intégrante de l'interaction humaine, et apprendre à y naviguer est essentiel pour la croissance personnelle et professionnelle.

Ce manuel offre des informations pratiques et des stratégies concrètes pour vous aider à comprendre, gérer et, en fin de compte, résoudre les conflits avec clarté et empathie

QU'EST-CE QU'UN CONFLIT ?

Le conflit fait référence à un désaccord ou à une lutte entre deux ou plusieurs parties ayant des intérêts, des besoins ou des valeurs opposés. Il s'agit d'un aspect naturel et inévitable des interactions humaines, découlant de différences de perspectives, d'objectifs ou d'attentes.

Les conflits peuvent survenir dans divers contextes, y compris les relations personnelles, les lieux de travail, les communautés et même à l'échelle mondiale.

Les conflits peuvent se manifester sous différentes formes, allant de disputes verbales et de malentendus à des problèmes plus complexes et enracinés. Ils peuvent survenir pour diverses raisons, telles que :

Mauvaise communication : L'absence d'une communication claire peut entraîner des malentendus et des conflits.

Intérêts ou buts divergents : Lorsque des personnes ou des groupes ont des objectifs ou des priorités contradictoires.

Rareté des ressources : La concurrence pour des ressources limitées peut entraîner des conflits d'accès et d'allocation.

Valeurs et croyances : Les différences de valeurs personnelles ou culturelles peuvent contribuer aux conflits.

Déséquilibres de pouvoir : Une répartition inégale du pouvoir et de l'influence peut conduire à des conflits.

Comprendre et gérer efficacement les conflits est essentiel pour maintenir des relations saines, favoriser la coopération et promouvoir des résultats positifs.

La résolution des conflits consiste à trouver des solutions mutuellement acceptables et à s'attaquer aux problèmes sous-jacents afin de créer un environnement plus constructif et harmonieux.

La résolution réussie des conflits nécessite souvent une communication efficace, de l'empathie, de la négociation et, dans certains cas, des compromis.

TYPES DE CONFLITS : INTERPERSONNELS, ORGANISATIONNELS ET AU-DELÀ

Le conflit est un phénomène multiforme, qui se manifeste sous diverses formes et contextes.

Il est essentiel de comprendre les différents types de conflits pour élaborer des stratégies de résolution ciblées.

Ici, nous explorons trois catégories principales : les conflits interpersonnels, les conflits organisationnels et les conflits au-delà de ces contextes immédiats.

❖ CONFLIT INTERPERSONNEL

Les conflits interpersonnels se produisent entre les individus et sont souvent enracinés dans des différences de personnalité, de styles de communication ou de valeurs personnelles. Il peut s'agir, par exemple, de désaccords entre amis, membres de la famille ou collègues. Les déclencheurs courants comprennent des malentendus, des attentes non satisfaites ou des priorités différentes. Une résolution efficace implique généralement une communication ouverte, une écoute active et la recherche d'un terrain d'entente.

❖ CONFLIT ORGANISATIONNEL

Les conflits organisationnels surviennent au sein des structures des institutions, des entreprises ou des groupes.

Ces conflits peuvent impliquer des désaccords entre les employés, les équipes ou les services. Les sources courantes incluent l'allocation des ressources, l'ambiguïté des rôles et les objectifs contradictoires.

La résolution des conflits organisationnels nécessite une combinaison de communication claire, de leadership stratégique et de processus structurés de résolution des conflits afin de maintenir un environnement de travail sain.

❖ CONFLITS AU-DELÀ DES PARAMÈTRES IMMÉDIATS

Les conflits peuvent s'étendre au-delà des frontières interpersonnelles et organisationnelles pour inclure des questions sociétales, culturelles ou géopolitiques plus larges. Ces conflits peuvent impliquer des nations, des groupes ethniques ou des idéologies.

Enracinés dans des facteurs historiques, politiques ou économiques, la résolution de ces conflits nécessite souvent des efforts diplomatiques, une coopération internationale et la résolution de problèmes systémiques profondément enracinés.

THÈMES COMMUNS À TOUS LES TYPES

un. Rupture de la communication :

Dans tous les types de conflits, la communication joue un rôle central. Des malentendus, un manque de clarté ou des stratégies de communication inefficaces peuvent aggraver les conflits.

L'écoute active et l'expression claire des idées sont cruciales pour la résolution des conflits.

b. Objectifs et priorités divergents :

Les conflits naissent souvent de différences d'objectifs ou de priorités. L'identification d'objectifs communs et la recherche de compromis sont des éléments essentiels dans la résolution des conflits à tous les niveaux.

c. Dynamique du pouvoir :

Les déséquilibres de pouvoir peuvent contribuer aux conflits. Que ce soit dans les relations interpersonnelles, au sein des organisations ou à l'échelle mondiale, il est essentiel de s'attaquer aux différences de pouvoir pour parvenir à des résolutions justes et durables.

Comprendre les nuances de ces types de conflits permet aux individus, aux dirigeants et aux décideurs d'adapter leurs approches pour gérer et résoudre efficacement les conflits.

En utilisant une combinaison de compétences en communication, d'empathie et de résolution stratégique de problèmes, il devient possible de transformer les conflits en opportunités de croissance et de changement positif.

L'INÉVITABILITÉ DES CONFLITS DANS LES INTERACTIONS HUMAINES

Le conflit est une composante incontournable des interactions humaines. En tant qu'individus ayant des perspectives, des expériences et des valeurs uniques, des conflits d'opinions et d'intérêts sont inévitables.

Reconnaître l'inévitabilité des conflits est la première étape vers l'élaboration d'une approche saine et constructive pour gérer ces défis.

❖ DES PERSPECTIVES DIVERSES

Les êtres humains possèdent des origines, des influences culturelles et des expériences de vie diverses.

Ces différences enrichissent nos interactions, mais créent également un terrain fertile pour des points de vue contradictoires.

Des désaccords peuvent survenir en raison d'interprétations, de croyances et de façons variées d'aborder les situations.

❖ RESSOURCES LIMITÉES

La concurrence pour des ressources limitées, qu'elles soient tangibles comme l'argent, le temps ou l'espace, ou intangibles comme l'attention et la reconnaissance, peut engendrer des conflits. Des individus ou des groupes peuvent se trouver en désaccord lorsqu'ils s'efforcent de répondre à leurs besoins ou d'obtenir une part de ces ressources.

❖ DÉFIS DE COMMUNICATION

La communication, bien qu'elle soit un aspect fondamental de l'interaction humaine, est pleine de malentendus.

Les différences dans les styles de communication, les préférences ou le langage peuvent conduire à des interprétations erronées, déclenchant des conflits même lorsque les intentions sous-jacentes sont positives.

❖ ATTENTES NON SATISFAITES

Les attentes, qu'elles soient explicites ou implicites, jouent un rôle important dans les relations humaines. Lorsque ces attentes ne sont pas satisfaites, la déception peut se transformer en conflit. L'alignement des attentes et la communication ouverte à ce sujet peuvent atténuer les problèmes potentiels.

❖ OBJECTIFS ET AMBITIONS INDIVIDUELS

Chaque personne nourrit des aspirations et des ambitions uniques. Des conflits peuvent survenir lorsque les objectifs individuels entrent en conflit avec ceux des autres, ce qui conduit à la compétition ou à la discorde. Trouver un équilibre entre les objectifs personnels et les besoins collectifs est un défi perpétuel.

NAVIGUER DANS LES CONFLITS

Plutôt que de considérer le conflit comme intrinsèquement négatif, l'accepter comme une partie naturelle de l'interaction humaine permet de développer des compétences constructives en matière de résolution de conflits.

La résolution proactive des conflits peut conduire à une meilleure compréhension, à des relations plus solides et à des solutions innovantes.

STRATÉGIES DE RÉSOLUTION CONSTRUCTIVE DES CONFLITS

Communication ouverte : Encouragez un dialogue transparent et honnête pour comprendre les divers points de vue.

Écoute active : Favoriser une culture de l'écoute pour comprendre les motivations et les préoccupations sous-jacentes des autres.

Empathie : Cultivez l'empathie pour apprécier les émotions et les expériences des personnes impliquées dans le conflit.

Résolution collaborative de problèmes : Passez de la victoire à la recherche de solutions mutuellement bénéfiques.

Négociation et compromis : Cherchez un terrain d'entente où les parties en conflit peuvent faire des compromis sans compromettre les valeurs fondamentales.

Le conflit n'est pas une aberration mais fait partie intégrante de l'expérience humaine.

En reconnaissant son caractère inévitable et en abordant les conflits avec un état d'esprit proactif et constructif, les individus et les sociétés peuvent transformer ces défis en opportunités de croissance, de compréhension et de changement positif.

CHAPITRE 2

IDENTIFIER LES CAUSES PROFONDES

La résolution des conflits commence par une compréhension approfondie des facteurs sous-jacents qui contribuent à la discorde. L'identification des causes profondes des conflits est une étape cruciale vers l'élaboration de stratégies de résolution ciblées et efficaces. Dans ce chapitre, nous nous penchons sur les différents éléments qui donnent lieu à des conflits, en explorant des approches proactives pour résoudre ces problèmes avant qu'ils ne s'aggravent.

❖ MAUVAISE COMMUNICATION ET MANQUE DE CLARTÉ

Cause première : De nombreux conflits découlent d'une mauvaise communication, lorsque les intentions sont mal comprises, que les messages ne sont pas clairs ou que les hypothèses entraînent de la confusion.

Stratégie de résolution : Mettez l'accent sur une communication claire et ouverte. Encouragez les individus à s'exprimer honnêtement et à écouter activement pour assurer la compréhension mutuelle.

❖ BESOINS ET ATTENTES NON SATISFAITS

Cause profonde : Les conflits surviennent souvent lorsque des personnes ou des groupes ont l'impression que leurs besoins ne sont pas satisfaits ou que leurs attentes ne sont pas satisfaites.

Stratégie de résolution : Faciliter les discussions afin de cerner et d'articuler les besoins et les attentes. Encouragez la négociation et le compromis pour trouver un terrain d'entente.

❖ DES VALEURS ET DES PERSPECTIVES DIVERGENTES

Cause profonde : Des conflits peuvent survenir en raison de différences fondamentales de valeurs, de croyances ou de perspectives culturelles.

Stratégie de résolution : Favoriser la compétence culturelle et l'empathie. Créer des espaces de dialogue ouvert afin d'améliorer la compréhension et l'appréciation de la diversité des points de vue.

❖ RESSOURCES RARES

Cause profonde : La concurrence pour des ressources limitées, qu'elles soient tangibles (p. ex., budget, temps) ou intangibles (p. ex., reconnaissance, possibilités), peut mener à des conflits.

Stratégie de résolution : Mettre en œuvre des systèmes équitables d'allocation des ressources. Encouragez la collaboration afin d'optimiser l'utilisation des ressources et de minimiser la concurrence.

❖ AMBIGUÏTÉ DES RÔLES ET RESPONSABILITÉS

Cause profonde : Le manque de clarté concernant les rôles et les responsabilités au sein d'un groupe ou d'une organisation peut entraîner de la confusion et des conflits.

Stratégie de résolution : Définissez clairement les rôles et les responsabilités. Établissez des canaux de communication efficaces pour répondre aux préoccupations et fournir des commentaires.

❖ CONFLITS DE PERSONNALITÉ

Cause profonde : Les conflits peuvent découler de différences dans les traits de personnalité, les styles de communication ou les préférences de travail.

Stratégie de résolution : Promouvoir des activités de renforcement de l'esprit d'équipe afin d'améliorer la compréhension et l'appréciation de diverses personnalités. Encouragez une communication ouverte pour aborder les conflits potentiels.

❖ PROBLÈMES ANTÉRIEURS NON RÉSOLUS

Cause profonde : Des ressentiments persistants ou des conflits passés non résolus peuvent contribuer à la discorde actuelle.

Stratégie de résolution : S'attaquer de manière proactive aux problèmes historiques. Faciliter les discussions pour reconnaître les griefs du passé et travailler à la réconciliation.

❖ INFLUENCES EXTERNES

Cause profonde : Les conflits peuvent être influencés par des facteurs externes tels que les tendances sociétales, les pressions économiques ou les troubles politiques.

Stratégie de résolution : Tenez-vous au courant des influences externes. Adaptez la communication et les stratégies pour naviguer et minimiser l'impact des pressions externes.

L'identification des causes profondes des conflits est une étape cruciale dans le processus de résolution. En reconnaissant et en abordant ces problèmes sous-jacents, les individus et les groupes peuvent jeter les bases d'une gestion plus efficace des conflits. Les prochains chapitres exploreront des stratégies de résolution proactive des conflits basées sur une compréhension globale de ces causes profondes.

CHAPITRE 3

GESTION PROACTIVE DES CONFLITS :
RÉSOUDRE LES PROBLÈMES AVANT QU'ILS NE
S'AGGRAVENT

La gestion proactive des conflits est l'art d'anticiper et de résoudre les problèmes potentiels avant qu'ils ne dégénèrent en défis plus importants.

En identifiant les signes avant-coureurs et en mettant en œuvre des stratégies pour promouvoir une communication et une compréhension ouvertes, les individus et les organisations peuvent créer une culture qui empêche les conflits d'atteindre un stade critique.

Dans ce chapitre, nous explorons les principes et les pratiques de la gestion proactive des conflits.

❖ DÉTECTION PRÉCOCE ET SIGNES AVANT-COUREURS

Identification : Entraînez les individus à reconnaître les premiers signes de tension ou d'insatisfaction, tels qu'une augmentation du stress, une diminution de la communication ou des changements subtils de comportement.

Intervention : Mettre en place des mécanismes permettant de signaler et de traiter rapidement les préoccupations. Encouragez les personnes à communiquer ouvertement pour exprimer leurs griefs ou leur malaise.

❖ DES CANAUX DE COMMUNICATION CLAIRS :

Communication proactive : Favoriser un environnement où les personnes se sentent à l'aise d'exprimer leurs pensées et leurs préoccupations sans crainte de représailles.

Plateformes de résolution de conflits : Mettez en place des plateformes accessibles, telles que des boîtes à suggestions ou des systèmes de signalement anonymes, pour encourager les personnes à partager des problèmes potentiels.

❖ DES VÉRIFICATIONS ET DES COMMENTAIRES RÉGULIERS

Évaluations programmées : Effectuez des vérifications ou des évaluations régulières pour évaluer la dynamique de l'équipe et la satisfaction individuelle.

Mécanismes de rétroaction : Établissez des boucles de rétroaction pour recueillir des informations sur les sources potentielles de conflits, ce qui permet d'intervenir et de les résoudre en temps opportun.

❖ Formation à la résolution des conflits

Éducation et formation : Offrir des séances de formation sur les compétences en matière de résolution de conflits, en insistant sur l'importance d'approches proactives pour prévenir les conflits.

Autonomisation : Doter les individus des outils nécessaires pour résoudre les conflits à un stade précoce, en favorisant un sentiment d'autonomisation et de responsabilité.

❖ ACTIVITÉS DE TEAM BUILDING

Promouvoir la cohésion : Organisez des activités de renforcement de l'esprit d'équipe pour améliorer les relations interpersonnelles et favoriser une culture d'équipe positive.

Renforcer la **confiance** : Le renforcement de la confiance au sein d'un groupe peut agir à titre préventif, réduisant ainsi la probabilité de conflits.

❖ IMPLICATION DE LA DIRECTION

Leadership visible : Encouragez les dirigeants à participer activement aux efforts de prévention des conflits, en donnant l'exemple au reste de l'équipe.

Formation à la résolution de conflits pour les dirigeants : Dotez les dirigeants des compétences nécessaires pour identifier les conflits potentiels et les résoudre de manière proactive.

❖ INITIATIVES EN MATIÈRE DE DIVERSITÉ ET D'INCLUSION

Promouvoir la compréhension : Adoptez des initiatives de diversité et d'inclusion afin de minimiser les sources potentielles de conflits liés à des antécédents, des perspectives ou des expériences différents.

Compétence culturelle : Favoriser une culture de la compétence culturelle, où les individus apprécient et apprennent de divers points de vue.

❖ MISE EN PLACE D'UN CADRE DE RÉSOLUTION DES CONFLITS :

Politiques écrites : Élaborer des politiques claires et accessibles en matière de résolution des conflits au sein des organisations.

Processus structurés : Définir des processus étape par étape pour résoudre les conflits, en veillant à une approche systématique et équitable.

La gestion proactive des conflits est un investissement dans la santé et la durabilité des relations, tant dans les contextes personnels que professionnels.

En cultivant une culture qui aborde les problèmes avant qu'ils ne s'aggravent, les individus et les organisations peuvent favoriser un environnement harmonieux où les conflits sont des occasions de croissance et de compréhension, plutôt que des obstacles à la réussite.

Les chapitres suivants se pencheront sur des stratégies et des techniques spécifiques pour résoudre les conflits de manière proactive.

CHAPITRE 4

STRATÉGIES ET TECHNIQUES PROACTIVES DE RÉSOLUTION DE CONFLITS

La résolution proactive des conflits nécessite une approche stratégique et systématique qui va au-delà de la simple identification.

Dans ce chapitre, nous explorons des stratégies et des techniques spécifiques conçues pour résoudre les conflits à la racine, en favorisant la compréhension et la collaboration avant que les tensions ne s'aggravent.

❖ ATELIERS DE COMMUNICATION CONSTRUCTIVE

Séances interactives : Animez des ateliers axés sur les stratégies de communication efficaces, en mettant l'accent sur l'écoute active, l'expression claire et les techniques de communication non violente.

Apprentissage en équipe : Encouragez la participation de l'équipe pour promouvoir une compréhension partagée de la dynamique de communication, réduisant ainsi le risque de mauvaise interprétation et de conflit.

❖ CARTOGRAPHIE ET ANALYSE DES CONFLITS

Identification des modèles : Former les individus ou les équipes à cartographier les conflits passés, en identifiant les modèles ou les déclencheurs récurrents.

Analyse des causes profondes : Effectuer des analyses approfondies pour identifier les problèmes sous-jacents qui contribuent aux conflits, ce qui permet de cibler les efforts de prévention.

❖ FORMATION À L'INTELLIGENCE ÉMOTIONNELLE

Conscience émotionnelle : Offrir une formation sur l'intelligence émotionnelle afin d'améliorer la conscience et la gestion de leurs propres émotions et de celles des autres.

Renforcement de l'empathie : Cultivez l'empathie comme outil pour comprendre les diverses perspectives et réduire les tensions émotionnelles.

❖ DÉVELOPPEMENT DES COMPÉTENCES EN MÉDIATION

Facilitation neutre : **Former des personnes ou des leaders désignés aux techniques de médiation afin de faciliter les dialogues constructifs entre les parties en conflit.**

Simulation de résolution de conflits : **Effectuer des simulations pour perfectionner les compétences en médiation dans des scénarios réalistes, en préparant les individus à la résolution proactive des conflits.**

❖ PROGRAMMES DE SOUTIEN PAR LES PAIRS

Systèmes de jumelage : **Établissez des programmes de soutien par les pairs où les personnes ont des alliés désignés vers qui elles peuvent se tourner pour obtenir des conseils ou de l'aide.**

Paires de médiation : **Jumelez des personnes ayant des compétences complémentaires en résolution de conflits pour fournir un soutien mutuel au sein des équipes.**

❖ EXERCICES DE JEUX DE RÔLE

Formation basée sur des scénarios : **Effectuez des exercices de jeu de rôle simulant des situations de conflit potentielles.**

Pratique axée sur les solutions : Encouragez les participants à explorer et à mettre en pratique des solutions dans un environnement contrôlé, améliorant ainsi leurs compétences en résolution de conflits.

❖ RETRAITES DE TEAM BUILDING

Retraites structurées : Organisez des retraites de renforcement de l'esprit d'équipe avec des activités structurées conçues pour renforcer la cohésion d'équipe.

Discussions ouvertes : Créez des espaces de discussions ouvertes sur les conflits potentiels et les stratégies pour les prévenir à l'avenir.

❖ DES PROCESSUS DÉCISIONNELS TRANSPARENTS

Prise de décision inclusive : Veiller à ce que les processus décisionnels soient transparents et inclusifs, afin de réduire le sentiment d'exclusion qui peut mener à des conflits.

Mécanismes de rétroaction : Établissez des boucles de rétroaction pour répondre de manière proactive aux préoccupations concernant les processus décisionnels.

❖ BOUCLES DE RÉTROACTION CONTINUES

Vérifications régulières : **Mettez en place des** vérifications continues pour évaluer la dynamique de l'équipe, la satisfaction et les sources potentielles de tension.

Systèmes de rétroaction anonyme : **Permettez aux** individus de fournir des commentaires de manière anonyme, en encourageant une communication ouverte et honnête.

La résolution proactive des conflits est un processus continu qui exige un engagement envers l'amélioration et l'apprentissage continus.

En mettant en œuvre ces stratégies et techniques spécifiques, les individus et les organisations peuvent créer une culture qui non seulement aborde les conflits au fur et à mesure qu'ils surviennent, mais s'efforce activement de les prévenir, favorisant ainsi un environnement positif et collaboratif.

Les chapitres suivants exploreront des applications réelles et des études de cas de ces stratégies proactives de résolution des conflits en action.

CHAPITRE 5

APPLICATIONS RÉELLES ET ÉTUDES DE CAS

Dans ce chapitre, nous explorons les applications concrètes des stratégies proactives de résolution des conflits et nous nous penchons sur des études de cas qui illustrent la mise en œuvre réussie de ces techniques dans divers contextes.

❖ ATELIERS DE COMMUNICATION EN ENTREPRISE :

Contexte : Une multinationale a identifié des malentendus et des conflits fréquents entre les membres de l'équipe, ce qui a entraîné une baisse de la productivité.

Stratégie : Mise en place d'ateliers de communication constructive axés sur l'écoute active, l'expression efficace et la communication non violente.

Résultats : L'amélioration des compétences en communication a permis une meilleure compréhension, une meilleure collaboration et une réduction notable des conflits. Les équipes ont fait état d'une augmentation de la satisfaction et de la productivité.

❖ CARTOGRAPHIE DES CONFLITS DANS UNE ORGANISATION À BUT NON LUCRATIF

Contexte : Un organisme à but non lucratif a observé des conflits récurrents entre les bénévoles et les membres du personnel, ce qui a nui à l'atteinte des objectifs de l'organisation.

Stratégie : Cartographie et analyse des conflits afin d'identifier les tendances et les causes profondes des conflits. Sur la base des données, nous avons mis en place des stratégies spécifiques.

Résultats : En s'attaquant aux causes profondes, l'organisme a constaté une amélioration du moral des bénévoles, une coopération accrue et une culture organisationnelle plus positive.

❖ FORMATION À L'INTELLIGENCE ÉMOTIONNELLE DANS LE DOMAINE DE LA SANTÉ

Contexte : Un établissement de santé a remarqué des tensions entre les membres du personnel, ce qui a eu une incidence sur l'environnement de travail général et les soins aux patients.

Stratégie : Mise en place d'une formation sur l'intelligence émotionnelle pour améliorer la conscience de soi et l'empathie chez les professionnels de la santé.

Résultats : Les membres du personnel ont fait état d'une meilleure compréhension de leurs propres émotions et de celles de leurs collègues. L'amélioration de l'intelligence émotionnelle a contribué à un environnement de travail plus favorable et à une amélioration des soins aux patients.

❖ PROGRAMME DE SOUTIEN PAR LES PAIRS DANS LES ÉTABLISSEMENTS D'ENSEIGNEMENT

Contexte : Une université a observé des conflits entre étudiants, notamment lors de projets de groupe et d'activités collaboratives.

Stratégie : Mise en œuvre d'un programme de soutien par les pairs dans le cadre duquel les élèves ont été jumelés à des alliés désignés pour obtenir des conseils et de l'aide. Inclus des paires de médiation pour la résolution des conflits.

Résultats : Le programme de soutien par les pairs a créé un sentiment d'appartenance à la communauté parmi les élèves, a réduit les conflits et a fourni un système de soutien aux personnes faisant face à des difficultés scolaires ou personnelles.

❖ EXERCICES DE JEU DE RÔLE DANS UNE AGENCE GOUVERNEMENTALE

Contexte : Un organisme gouvernemental a été confronté à des difficultés de communication interministérielle, ce qui a entraîné des malentendus et des retards dans l'achèvement du projet.

Stratégie : Réalisation d'exercices de jeu de rôle simulant des scénarios de conflits potentiels et des pratiques axées sur les solutions lors de séances de renforcement de l'esprit d'équipe.

Résultats : L'amélioration des compétences en communication et en résolution de problèmes a permis de fluidifier la collaboration entre les services, de réduire les conflits et d'améliorer l'efficacité globale de l'exécution des projets.

❖ PRISE DE DÉCISION TRANSPARENTE AU SEIN D'UNE ORGANISATION NON GOUVERNEMENTALE (ONG)

Contexte : Une ONG a été confrontée à des conflits découlant d'inégalités perçues dans les processus de prise de décision.

Stratégie : Mise en œuvre de processus décisionnels transparents, assurant l'inclusivité et établissant des mécanismes de rétroaction pour une amélioration continue.

Résultats : Une transparence accrue a conduit à une plus grande confiance entre les membres de l'équipe, à une réduction des conflits liés à la prise de décision et à un environnement de travail plus harmonieux.

❖ BOUCLES DE RÉTROACTION CONTINUES DANS LES STARTUPS TECHNOLOGIQUES

Contexte : Une start-up technologique a eu du mal à retenir les talents en raison de conflits et d'insatisfaction parmi les membres de l'équipe.

Stratégie : Mise en place de contrôles réguliers et de systèmes de rétroaction anonyme pour répondre aux préoccupations de manière proactive et améliorer la dynamique de l'équipe.

Résultats : Une augmentation de la satisfaction au travail, des taux de roulement plus faibles et une culture de travail plus adaptative et collaborative ont été observées, contribuant au succès de la startup.

Ces études de cas mettent en évidence l'adaptabilité et l'efficacité des stratégies proactives de résolution des conflits dans divers contextes. En adaptant ces stratégies aux besoins spécifiques de l'organisation et en favorisant une culture d'amélioration continue, les individus et les organisations peuvent créer des environnements où les conflits sont non seulement gérés, mais évités, ce qui conduit à un succès durable et à des résultats positifs. Les derniers chapitres fourniront des conseils pratiques pour intégrer ces stratégies dans diverses structures organisationnelles et offriront des conseils sur le maintien d'une approche proactive de résolution des conflits au fil du temps.

CHAPITRE 6

CONSEILS PRATIQUES POUR L'INTÉGRATION ET LE MAINTIEN DE STRATÉGIES PROACTIVES DE RÉSOLUTION DES CONFLITS

L'intégration efficace de stratégies proactives de résolution des conflits dans diverses structures organisationnelles exige un effort réfléchi et soutenu. Dans ce chapitre, nous fournissons des conseils pratiques pour intégrer de manière transparente ces stratégies et offrons des conseils sur le maintien d'une approche proactive de résolution des conflits au fil du temps.

ADAPTER LES STRATÉGIES À LA CULTURE ORGANISATIONNELLE

Conseil : Adaptez les stratégies de résolution des conflits pour qu'elles correspondent à la culture, aux valeurs et à la structure existantes de l'organisation.

Orientation : Comprendre la dynamique unique de l'organisation, en veillant à ce que les stratégies de résolution des conflits trouvent un écho auprès des employés et de la direction. Cela augmente les chances d'une intégration réussie et d'une durabilité à long terme.

❖ SOUTIEN ET PARTICIPATION DE LA DIRECTION

Conseil : Assurez-vous de la participation active et de l'approbation de la direction tout au long du processus de mise en œuvre.

Conseils : Les dirigeants doivent donner l'exemple de comportements proactifs en matière de résolution des conflits, participer à des formations et communiquer systématiquement l'importance de ces stratégies à l'organisation. Cela renforce une culture de résolution des conflits à tous les niveaux.

❖ FORMATION CONTINUE ET DÉVELOPPEMENT DES COMPÉTENCES

Conseil : Mettez en œuvre des programmes de formation continue pour développer continuellement les compétences en résolution de conflits chez les employés.

Orientation : Des ateliers, des séminaires et des séances de renforcement des compétences organisés régulièrement aident à renforcer les techniques de résolution des conflits. Cette approche permet de s'assurer que les employés restent aptes à identifier et à résoudre les conflits de manière proactive.

❖ INTÉGRATION DANS LES ÉVALUATIONS DE PERFORMANCE

Conseil : Intégrez les compétences en résolution de conflits dans les évaluations de rendement et les mécanismes de rétroaction.

Orientation : En intégrant des compétences en résolution de conflits dans le cadre des évaluations de rendement, les employés sont motivés à donner la priorité à ces compétences, favorisant ainsi une culture où la résolution de conflits devient un aspect intégral du perfectionnement professionnel.

❖ ÉTABLIR DES POLITIQUES ET DES PROCÉDURES CLAIRES

Conseil : Élaborez et communiquez des politiques et des procédures claires de résolution des conflits au sein de l'organisation.

Lignes directrices : Des processus clairement définis pour le signalement et la résolution des conflits fournissent un cadre structuré. Cette transparence permet aux individus de gérer les conflits en toute confiance et contribue à une culture d'ouverture.

❖ FAVORISER UN ENVIRONNEMENT COLLABORATIF

Conseil : Encouragez les environnements collaboratifs qui mettent l'accent sur le travail d'équipe et les objectifs communs.

Conseils : En favorisant un état d'esprit collaboratif, les individus sont plus susceptibles de résoudre les conflits de manière proactive, en les considérant comme des opportunités de croissance collective plutôt que comme des obstacles.

❖ MÉCANISMES DE RÉTROACTION POUR L'AMÉLIORATION

Conseil : Établissez des boucles de rétroaction continues pour recueillir des informations sur l'efficacité des stratégies de résolution des conflits.

Conseils : Sollicitez régulièrement les commentaires des employés afin d'identifier les domaines à améliorer et à adapter. Cela permet de s'assurer que les stratégies de résolution des conflits demeurent pertinentes et adaptées aux besoins changeants de l'organisation.

❖ ENCOURAGER LA RÉSOLUTION PROACTIVE DES CONFLITS

Conseil : Reconnaissez et récompensez les cas de résolution proactive et efficace des conflits.

Orientation : Les incitations, qu'elles soient tangibles ou intangibles, incitent les employés à s'engager activement dans les efforts de résolution des conflits. Les programmes de reconnaissance peuvent mettre en valeur des personnes ou des équipes qui incarnent la résolution proactive des conflits.

❖ ÉVALUER RÉGULIÈREMENT LE CLIMAT ORGANISATIONNEL

Conseil : Effectuez des évaluations périodiques du climat organisationnel en ce qui concerne la résolution des conflits.

Orientation : Évaluer régulièrement l'efficacité des stratégies de résolution des conflits et leur impact sur le climat organisationnel global. Ajustez les stratégies au besoin pour relever les défis émergents et maintenir leur pertinence.

❖ CULTIVER UNE CULTURE DE
   L'APPRENTISSAGE

Conseil : Favorisez une culture d'apprentissage continu, où les erreurs sont considérées comme des occasions d'amélioration.

Conseils : Encouragez un état d'esprit qui valorise l'apprentissage des conflits et les considère comme faisant partie intégrante de la croissance. Cette approche favorise la résilience et l'adaptabilité au sein de l'organisation.

L'intégration et le maintien de stratégies proactives de résolution des conflits dans les structures organisationnelles est un processus continu qui exige de l'engagement, de l'adaptabilité et de l'amélioration continue. En suivant ces conseils pratiques et en fournissant des conseils cohérents, les organisations peuvent cultiver un environnement où les conflits sont abordés de manière proactive, contribuant ainsi à un milieu de travail plus sain et plus productif. Le dernier chapitre fournira un résumé complet et offrira un aperçu de l'avenir de la résolution proactive des conflits dans des environnements organisationnels en évolution.

CHAPITRE 7

RÉSUMÉ COMPLET ET PERSPECTIVES D'AVENIR

Dans ce dernier chapitre, nous présentons un résumé complet des concepts clés abordés tout au long du livre et offrons un aperçu de l'avenir de la résolution proactive des conflits dans des environnements organisationnels en constante évolution.

RÉSUMÉ COMPLET

Comprendre les conflits :

- ✓ Les conflits sont inévitables dans les interactions humaines, car ils découlent de la diversité des perspectives, des besoins et des valeurs.
- ✓ Les principales causes sont la mauvaise communication, les besoins non satisfaits, les valeurs divergentes et les déséquilibres de pouvoir.

Identifier les causes profondes :

- ✓ La résolution proactive des conflits commence par la reconnaissance et le traitement des facteurs sous-jacents qui contribuent aux conflits.
- ✓ Les causes profondes peuvent aller des pannes de communication aux problèmes passés non résolus.

Gestion proactive des conflits : **résoudre les problèmes avant qu'ils ne s'aggravent**

- ✓ La détection précoce et les signes avant-coureurs sont cruciaux pour intervenir avant que les conflits ne s'aggravent.
- ✓ Les stratégies comprennent des canaux de communication clairs, des vérifications régulières et une formation à la résolution de conflits.

Stratégies et techniques proactives de résolution des conflits :

- ✓ Les ateliers de communication constructive améliorent les compétences essentielles telles que l'écoute active et la communication non violente.
- ✓ La cartographie des conflits, la formation à l'intelligence émotionnelle et le développement des compétences en médiation offrent des approches ciblées.
- ✓ Les programmes de soutien par les pairs, les jeux de rôle et la prise de décision transparente contribuent à une résolution proactive.

✓ Des boucles de rétroaction continues et des activités de renforcement de l'esprit d'équipe favorisent les efforts continus de résolution des conflits.

Applications réelles et études de cas :

Des études de cas illustrent des applications réussies de stratégies proactives de résolution de conflits dans divers contextes.

Des stratégies telles que les ateliers de communication, la cartographie des conflits, la formation à l'intelligence émotionnelle et le soutien par les pairs ont un impact concret.

Conseils pratiques pour l'intégration et la maintenance :

✓ L'adaptation des stratégies à la culture organisationnelle améliore l'alignement et l'efficacité.

✓ L'approbation de la direction, la formation continue et l'évaluation du rendement contribuent à des efforts soutenus.

✓ L'établissement de politiques claires, la promotion de la collaboration et l'incitation à la résolution proactive sont des éléments essentiels.

Aperçu de l'avenir de la résolution proactive des conflits:

a. Intégration de la technologie :

- ✓ Tirer parti de la technologie pour les outils et les plateformes de résolution des conflits.
- ✓ Des simulations de réalité virtuelle et de l'intelligence artificielle pour améliorer la formation à la résolution de conflits.

b. Approches axées sur les données :

- ✓ Utiliser l'analyse des données pour identifier les tendances et prédire les conflits potentiels.
- ✓ Intégrer les informations issues des données organisationnelles pour adapter les stratégies de résolution des conflits.

c. Défis liés au travail à distance :

- ✓ Adapter les stratégies de résolution des conflits aux défis posés par le travail à distance.
- ✓ Mettre l'accent sur les compétences en communication numérique et les activités virtuelles de renforcement de l'esprit d'équipe.

d. Initiatives en matière de diversité, d'équité et d'inclusion (DEI) :

✓ Intégrer les principes de DEI dans les stratégies de résolution des conflits.

✓ Reconnaître et résoudre les conflits liés à la diversité et à l'inclusion de manière proactive.

e. Compétence interculturelle :

✓ Mettre l'accent sur les compétences interculturelles dans la formation à la résolution de conflits.

✓ Préparer les individus et les organisations aux défis d'une main-d'œuvre mondialisée.

f. Pratiques durables et éthiques :

✓ Intégrer la durabilité et les considérations éthiques dans les approches de résolution des conflits.

✓ Résoudre les conflits liés aux préoccupations environnementales et à la prise de décisions éthiques.

L'avenir de la résolution proactive des conflits dans des environnements organisationnels en constante évolution est marqué par l'innovation, l'adaptabilité et l'engagement envers l'amélioration continue.

Les organisations qui adoptent la technologie, les approches axées sur les données et qui mettent l'accent sur les défis du travail à distance seront mieux équipées pour gérer les conflits de manière proactive.

De plus, l'intégration d'initiatives en matière de diversité, d'équité et d'inclusion, la compétence interculturelle et l'engagement envers des pratiques durables et éthiques contribueront à une approche holistique et résiliente de la résolution des conflits.

Alors que le paysage organisationnel continue d'évoluer, la résolution proactive des conflits reste la pierre angulaire de la promotion d'une culture d'entreprise positive, de l'amélioration de la collaboration et de l'atteinte d'un succès durable.

En restant à l'écoute des tendances émergentes et en adoptant un état d'esprit proactif, les organisations peuvent gérer efficacement les conflits et créer des environnements propices à la croissance, à l'innovation et à une collaboration harmonieuse.

CONCLUSION

Dans ce guide concis mais complet, nous avons parcouru les principes fondamentaux de la résolution des conflits. Qu'il s'agisse de reconnaître la nature inhérente des conflits ou de se plonger dans des stratégies proactives, ce guide rapide vous fournit des outils essentiels.

Au fur et à mesure que vous appliquez ces informations, n'oubliez pas le pouvoir de la personnalisation, c'est-à-dire l'adaptation des stratégies à votre culture organisationnelle et à votre dynamique individuelle. L'intégration de la résolution des conflits dans les pratiques quotidiennes garantit une culture de collaboration et de croissance.

Pour ce qui est de l'avenir, l'évolution du paysage exige de l'adaptabilité. Adoptez la technologie, les informations basées sur les données et l'inclusivité pour pérenniser votre approche de résolution des conflits.

Que ce guide soit votre référence rapide, vous permettant de gérer les conflits avec confiance, en les transformant en tremplins vers le succès et des relations harmonieuses.

Dans votre cheminement continu, cultivez un état d'esprit qui considère les conflits non pas comme des obstacles, mais comme des opportunités d'amélioration. Adoptez l'éthique de l'apprentissage continu, où chaque résolution devient une leçon et un pas vers la résilience organisationnelle.

Au fur et à mesure que vous intégrez ces éléments essentiels de la résolution des conflits, tenez compte de l'effet d'entraînement qu'ils peuvent avoir. Votre approche proactive permet non seulement de résoudre les problèmes immédiats, mais aussi de donner le ton à un environnement de travail positif, favorisant la collaboration et l'innovation.

Dans un monde où le changement est constant, votre engagement envers les éléments essentiels de la résolution des conflits vous positionne comme un leader capable de relever les défis. Restez agile, affinez vos stratégies et restez ouvert aux tendances émergentes.

La résolution de conflits n'est pas seulement une compétence ; C'est la pierre angulaire d'une dynamique organisationnelle réussie et durable. Nous nous dirigeons vers un avenir où les conflits sont abordés avec confiance, créativité et engagement à constituer des équipes plus fortes et plus résilientes. Puisse ce guide rapide continuer à vous servir de ressource précieuse dans votre quête continue d'une résolution efficace des conflits.

www.ingramcontent.com/pod-product-compliance
Lightning Source LLC
Chambersburg PA
CBHW071215290526
45796CB00008B/254